Ursula Mock

Lesesozialisation vor dem Schuleintritt

Ein Vortrag von Bettina Kümmerling-Meibauer im Vergleich mit einem Aufsatz von Petra Wieler

GRIN Verlag

Bibliografische Information der Deutschen Nationalbibliothek:

Die Deutsche Bibliothek verzeichnet diese Publikation in der Deutschen National-
bibliografie; detaillierte bibliografische Daten sind im Internet über http://dnb.d-
nb.de/ abrufbar.

Impressum:

Copyright © 2005 GRIN Verlag GmbH
Druck und Bindung: Books on Demand GmbH, Norderstedt Germany
ISBN: 978-3-640-40995-2

Dieses Buch bei GRIN:

http://www.grin.com/de/e-book/131090/lesesozialisation-vor-dem-schuleintritt

GRIN - Your knowledge has value

Der GRIN Verlag publiziert seit 1998 wissenschaftliche Arbeiten von Studenten, Hochschullehrern und anderen Akademikern als eBook und gedrucktes Buch. Die Verlagswebsite www.grin.com ist die ideale Plattform zur Veröffentlichung von Hausarbeiten, Abschlussarbeiten, wissenschaftlichen Aufsätzen, Dissertationen und Fachbüchern.

Besuchen Sie uns im Internet:

http://www.grin.com/

http://www.facebook.com/grincom

http://www.twitter.com/grin_com

Schriftliches Referat:

Lesesozialisation vor dem Schuleintritt
Ein Vortrag von Bettina Kümmerling-Meibauer im
Vergleich mit einem Aufsatz von Petra Wieler

Verfasserin: Ursula Mock
Studiengang: Lehramt Grund-
und Mittelstufe Kunst und Deutsch
Semester: 5
Sommersemester 06/07

Inhalt

1. Einleitung

Kinder kommen mit Vorwissen in die Schule. Vor allen Dingen wenn es um das Lesen geht, haben sie verschiedene Lesesozialisationen durch das Elternhaus erfahren. Petra Wieler untersucht in ihrem Aufsatz die Lesesozialaisation von Kindern anhand der Vorlesesituation von Kind und Mutter bei Kinderbüchern. Das Ehepaar Meibauer untersucht die ersten Lesebücher, die „First-Picture-Books".

Beide Wissenschaftlerinnen untersuchen also jeweils ein Gebiet der vorschulischen Lesesozialisation.

In diesem Referat geht es darum beide Forschungsfelder zu referieren. Ich habe mir dabei folgende Fragen gestellt:

- Was haben sie untersucht?
- Wie haben sie es untersucht?
- Was haben sie für Ergebnisse erhalten?
- Wo liegen die Schwerpunkte beider Untersuchungen?

Ich werde zunächst beide Untersuchungen vorstellen und sie in einem weiteren Schritt vergleichen. Dabei wird mein Schwerpunkt darauf liegen die Schwerpunkte und Untersuchungsmethoden der beiden Untersuchungen zu vergleichen.

Im Anschluss folgt eine persönliche Stellungnahme.

2. Untersuchungen der Lesesituation von Mutter und Kind von Petra Wieler

2.1. Untersuchungsgegenstand und Untersuchungsschwerpunkt

Petra Wieler untersucht die familiäre Vorlesesituation von verschiedenen Familien, die von ihr verschiedenen sozialen Milieus zugeordnet werden. Sie untersucht dabei ausschließlich die Vorlesesituation mit vierjährigen Kindern und ihren Eltern.

Der Schwerpunkt ihrer Untersuchung liegt darauf, inwieweit die Erwachsenen als Vermittler zwischen der Literatur und Kind fungieren. Sie untersucht die Art der Sprache der Erwachsenen und was sie mit ihr transportieren wollen. Dabei bezieht sie ihre Ergebnisse auf das soziale Milieu der jeweiligen Familie.

2.2. Untersuchungsmethode

Petra Wieler zeichnete insgesamt dreißig Gespräche auf, in denen ein Elternteil ihrem vierjährigen Kind das Buch „O wie schön ist Panama" von Janosch vorliest. Diese Gespräche transkribiert sie und wertet im vorliegenden Text zwei von diesen Vorlesegesprächen aus. Die Familien der beiden Fallbeispiele sind jeweils einem mittleren und einem unteren sozialen Milieu zuzuordnen. Bei der Zuordnung zu den sozialen Milieus orientiert Petra Wieler sich an dem „beruflichen Ausbildungsniveau" (S.78, Wieler) der Eltern. Ihr geht es darum anhand der beiden Fallbeispiele musterhafte Strukturen zu erkennen, wobei jede Familie exemplarisch für ihr soziales Milieu stehen soll.

Petra Wieler arbeitet vor allen Dingen die Differenzen der beiden Vorlesesituationen heraus, wobei sie am Anfang auch kurz auf die Gleichheiten der Vorlesesituationen eingeht.

2.3. Untersuchungsergebnisse

Ich stelle im Folgenden die Untersuchungsergebnisse des Vergleiches der beiden Vorlesesituationen in zwei Familien von unterem und mittlerem sozialen Milieu dar. Dabei werde ich die Familie aus dem mittleren sozialen Milieu „Familie 1" nennen, die Familie aus dem unteren sozialen Milieu „Familie 2".

In beiden Situationen konnte die Aufmerksamkeit der Kinder erweckt und auch gehalten werden. Das Buch konnte in beiden Familien bis zu Ende vorgelesen werden. Am Anfang beider Vorlesegespräche steht zunächst die Handlungsorganisation. Es werden die Rollen für das Gespräch festgelegt und auch wie das Buch zu lesen ist. Bei Familie 2 wird dem Kind die „Rolle des stillschweigenden Zuhörers" (S.81, Wieler) zugeordnet. Das Kind aus Familie 1 wird hingegen ermutigt kontinuierlich aktiv an dem Vorlesegespräch teilzunehmen. Es wird ermutigt zu fragen, zu hinterfragen und die Geschichte weiterzuspinnen. In dieser Familie werden alle Redeinitiativen des Kindes aufgegriffen, es finden sich sogar argumentierende Textpassagen. Bei Familie 2 hingegen sind es nur die Hälfte der Redeinitiativen des Kindes, die von der Mutter aufgegriffen werden. Es zeigt sich, dass das Kind der Familie 2 Schwierigkeiten hat seine vorgestellten Protagonisten in den Illustrationen des Buches wieder zu erkennen.

Dem Kind in Familie 1 gelingt es einen Bezug zu seiner Alltagswelt herzustellen. Es versucht sich eine „Vorstellung von fiktiver und realer Wirklichkeit zu erarbeiten" (S.82, Wieler). Es finden sich zudem Gesprächspassagen, in denen sich die Mutter an das Verstehen in einer höheren Entwicklungsstufe des Kindes richtet. Diese Zukunftsorientierung findet in Familie 2 keine Entsprechung.

In Familie 2 fällt auf, dass die Mutter keinen Platz für Exkurse innerhalb des Vorlesens lässt, dagegen aber eine lange Vor- und Nachbereitungsphase zulässt. Ein wichtiges Thema in der Vor- und Nachbereitungsphase ist das Thema des Buchbesitzes. In der Nachbereitungsphase wird das „Behalten" des Kindes überprüft. Dies zeigt nach Wieler die durch „die Institution Schule geprägte Lesesozialisation" (S.85, Wieler) der Eltern, in der kein Raum für Exkurse oder Verknüpfungen zur eigenen Lebenswelt des Kindes gegeben werden.

Zur Exemplarität der untersuchten Lesesituationen der beiden Familien schreibt Wieler, dass das Leseverhalten von Familie 1 dem Leseverhalten von Familien mittleren sozialen Milieus entsprechen. Bei Familie 2 ist die ausgedehnte Vor- und Nachbereitungsphase ungewöhnlich und konnte in keiner Familie gleichen sozialen Milieus beobachtet werden. Sie weist zudem darauf hin, dass sie nur Familien untersuchen konnte, in denen das Vorlesen als Praxis zu finden war. So können beide Familien nur für Familien des gleichen sozialen Milieus stehen, in denen Vorlesen einen ähnlichen Stellenwert hat.

Zusammenfassend kann gesagt werden, dass Petra Wieler beobachten konnte, dass dem Kind in Familie 1 mehr Raum für eigene Assoziationen und Verknüpfungen mit seiner Alltagswelt gelassen wird. Seine Fragen werden aufgegriffen und sogar diskutiert. In Familie 2 dagegen ist der Besitz des Buches sehr wichtig. Die Rolle des Kindes beschränkt sich auf das stillschweigende Zuhören. Für Assoziationen und Verknüpfungen mit der Alltagswelt des Kindes wird kein Raum gelassen.

3. Untersuchungen der Frühe-Konzepte-Bücher von Bettina Kümmerling-Meibauer

3.1. Untersuchungsgegenstand und Untersuchungsschwerpunkt

Im Folgenden beziehe ich mich auf einen gehörten Vortrag am 8. Juli 2004 in der Universität Hamburg im Rahmen eines Seminars bei Dagmar Grenz und auf das Handout, das von Bettina Kümmerling- Meibauer zu diesem Anlass verteilt wurde.

Das Ehepaar Meibauer untersucht sogenannte „Frühe-Konzepte-Bücher". Dies sind Bücher für sehr kleine Kinder, die eine Vorstufe zu Bilderbüchern mit Schrift bieten. Meibauer untersuchten die typischen Eigenschaften dieser Bücher, ihre pädagogische Wirkung (welche Fähigkeiten das Kind beim „lesen" dieser Bücher erwirbt) und die Entsprechung zum kognitiven Stand der Kinder.

Meibauer untersuchen damit ein Terrain der Forschung, dem bislang wenig Aufmerksamkeit von Forschern zuteil wurde.

3.2. Untersuchungsmethode

Das Ehepaar Meibauer geht so vor, dass sie zunächst Frühe-Konzepte-Bücher sammeln und diese auf ihre spezifischen Merkmale hin vergleichen und untersuchen. Dazu ziehen sie Erkenntnisse aus der Forschung über den kognitiven Stand kleiner Kinder verschiedenen Alters hinzu und verknüpften dies mit ihrer Forschung an den Frühe-Konzepte-Büchern selber, sodass sie ein Bild über die Fähigkeiten von Kindern erwerben, die ein Kind braucht um bestimmte Reaktionen (z.b. abgebildete Gegenstände erkennen und benennen können) auf das Buch haben zu können oder welche Fähigkeiten ein Kind beim Rezipieren der Bücher erwerben kann.

Zudem untersucht das Ehepaar Meibauer Kinder in Vorlesesituationen.

3.3. Untersuchungsergebnisse

Meibauers versuchten zunächst eine Definition für das Frühe-Konzepte-Buch zu finden. Nach ihrer Definition sind die Bücher aus stabilem Material gebunden, meistens klein und handlich und enthalten Bilder, meist ohne Schrift aus dem kindlichen Erfahrungsbereich.

Bei der näheren Untersuchung der Bilder der Bücher stellten sich typische Merkmale heraus. Ich werde im Folgenden einige Ergebnisse wiedergeben. Z.B. ist nur ein Gegenstand auf einer Seite gezeigt, der Gegenstand wird nicht im Anschnitt gezeigt, sondern immer nur ganz, der Gegenstand ist oft mit einer schwarzen Kontur versehen und die Farben sind satt und leuchtend, wobei Primärfarben bevorzugt genommen werden.

Die Fähigkeiten, die ein Kind beim Betrachten der Bilder erhalten können sind z.B. die Unterscheidung zwischen Figur und Hintergrund oder das Erfassen von Schemata. Dabei muss das Kind prototypische Eigenschaften eines Gegenstandes erkennen und den visuellen Code verstehen. Nach Meibauer muss dies zunächst vom Kind gelernt werden, denn das Verständnis von visuellen Codes ist nicht angeboren.

Um ein Bild von einem Gegenstand zu erkennen, braucht das Kind ein Konzept von diesem Gegenstand. Meibauer benutzte in ihrem Vortrag das Beispiel von einem Apfel. Das Konzept eines Apfels wäre z.B. zu wissen wie er schmeckt, wie er sich anhört, wenn man in ihn hineinbeißt, wie er riecht usw.. Um eine Apfel zu erkennen, wenn er als Gegenstand vor uns liegt, brauchen wir also ein Schema, also ein mentales Bild eines Apfels, das wir an dem Gegenstand überprüfen (Sieht er aus wie ein Apfel, richt er wie ein Apfel, schmeckt er wie ein Apfel?) und ihn dann als Apfel erkennen. Eine Abbildung eines Apfels ist dagegen etwas völlig anderes als der real existierende Apfel. Die Abbildung ist nicht dreidimensional, sie riecht nicht und schmeckt vielleicht ganz anders. Trotzdem kann die typische Abbildung eines

Apfels dazu führen, dass das mentale Bild und das Konzept des Apfels im Gehirn aufgerufen wird und wir wissen, dass die Abbildung ein Apfel ist. Dabei ist allerdings die Benennung des Apfels noch ein weiterer Schritt.

Kinder müssen deshalb das Objekt kennen und dem Objekt seinen Namen zuordnen können. An Frühen-Konzepte-Büchern können Kinder den Umgang mit Büchern lernen, z.b. wie das Umblättern funktioniert und dass es ein unten und oben gibt. Sie bereiten das Kind zudem auf das spätere Lesen von Geschichten vor, indem die Erwachsenen vielleicht mündlich etwas zu den Bildern der Bücher erzählen.

4. Vergleich der Untersuchungen von Petra Wieler und Ehepaar Meibauer

Ich habe in den beiden vorigen Punkten kurz die Forschungsgegenstände von Petra Wieler und dem Ehepaar Meibauer dargestellt. Nun werde ich beide Forschungsgegenstände, die Vorgehensweise und die Forschungsergebnisse von Petra Wieler und dem Ehepaar Meibauer vergleichen.

Zunächst möchte ich darauf hinweisen, dass die beiden Quellen, auf die ich mich hier stütze verschiedene Zwecke erfüllen sollen. Der Vortrag von Bettina Kümmerling-Meibauer sollte einen Überblick über den Forschungsgegenstand ihres Mannes und ihr geben. Durch die Beschränkung der Zeit hatte sie kaum Zeit auf Einzelheiten, z.B. in der Untersuchung von gefilmten Vorlesesituationen von Mutter und Kind, einzugehen. Ihre Intention war es einen groben Überblick zu geben.

Der Artikel von Petra Wieler hingegen möchte auch einen Überblick über ihre Arbeit geben. Weil das Thema ihrer Arbeit hingegen eingeschränkter ist als das vom Ehepaar Meibauer kann sie mehr auf Einzelheiten ihrer Untersuchung eingehen. Zudem hat Petra Wieler ihre Forschungsergebnisse ausformuliert, wohingegen mir vom Ehepaar Meibauer ein in Stichworten abgefertigtes Hand-out vorliegt, meine eigenen Aufzeichnungen, die ich während des Vortrags angefertigt habe und meine Erinnerungen an den Vortrag.

Vergleichbar sind jedoch der Forschungsgegenstand und die Schwerpunkte, die Petra Wieler im Vergleich zum Ehepaar Meibauer gelegt haben.

Beide Forscherparteien untersuchen Leseerfahrungen, die Kinder vor dem Schuleintritt machen können. Wieler untersucht 4-jährige Kinder und ein Buch mit einer geschriebenen Geschichte und Illustrationen, das Ehepaar Meibauer hingegen untersucht Bilderbücher, die für kleinere Kinder gemacht sind und auch keine geschriebene Geschichte enthalten.

Für Petra Wieler ist besonders wichtig wie das Buch rezipiert wird, in welchem sozialen Rahmen es vorgelesen wird. Sie geht zwar auch kurz auf das Buch selber ein, aber legt ihren Schwerpunkt auf den Umgang mit dem Buch, also wie es benutzt wird. Das Ehepaar Meibauer hingegen untersuchen eine ganze „Sorte" von Buch, die Frühen-Konzepte-Bücher. Ihnen geht es darum eine Definition für diese Sorte Buch zu finden und typische Eigenschaften der Bücher herauszuarbeiten. Ihr Forschungsinteresse konzentriert sich eher auf den Gegenstand selber. Die praktische Rezeption des Buches, also der Umgang mit dem Buch selber steht an zweiter Stelle.

Ihnen ist zudem aber auch wichtig, welche Fähigkeiten Kinder haben müssen, um die Bücher zu „verstehen" und auf welchem kognitiven Stand sie sind und inwieweit sie etwas an diesen Büchern lernen können.

Petra Wieler bezieht ihre Forschungsergebnisse auf das soziale Milieu des Elternhauses. Dies machen das Ehepaar Meibauer nicht.

Ein großer Teil der Forschung des Ehepaar Meibauer ist die Bildanalyse. Dieser bedient sich Petra Wieler kaum. Sie geht nur kurz auf die Illustrationen von Janosch ein.

5. Persönliche Stellungnahme

Die verschiedenen Herangehensweisen von Petra Wieler und dem Ehepaar Meibauer ergänzen sich meiner Meinung nach sehr gut, um ein grobes Bild über das Forschungsfeld von Bilderbüchern zu bekommen. Das Ehepaar Meibauer beschäftigt sich mit dem Gegenstand, dem Buch selber, Petra Wieler geht es um die Rezension und den sozialen Umgang mit Bilderbüchern vor dem Eintritt in die Schule.

In dem Aufsatz von Petra Wieler fiel mir allerdings auf, dass sie nicht hinreichend genug über die Exemplarität der Familie im unteren sozialen Milieu sagte. Hier wären Ergebnisse von Studien sehr hilfreich, wie viele Familien überhaupt regelmäßig lesen. Auch die Auswirkungen auf das Leseinteresse der Kinder (vielleicht auch in späteren Lebensjahren) wäre hier sehr interessant. Die Interpretation der Gespräche enthält allerdings den Hinweis den Kindern mehr Raum beim Lesen zu geben das Gelesene mit ihren eigenen Erfahrungen zu verknüpfen und sie dabei auch ernst zu nehmen. Dem möchte ich gerne zustimmen.

6. Literatur

Meibauer, Jörg und Bettina. Hand-out zu einem Gastvortrag an der Universität Hamburg am 8. Juli 2004

Wieler, Petra (1997).Das Prinzip der Dialogizität als Grundzug der familialen Vorlesepraxis mit Kindern im Vorschulalter. In: Garbe u.a.(Hrsg.) Lesen im Wandel. Lüneburg.